Kass Perry Dotterweich

Un temps pour vivre en couple

Illustré par R.W. Alley

Traduit de l'anglais (États-Unis)
par Michel Bigot
et Sophie de Gaulmyn

cerf

Imprimé en France

Published by Abbey Press
St. Meinrad, Indiana 47577

29, bd La Tour-Maubourg, 75340 Paris Cedex 07
www.editionsducerf.fr
ISBN : 2-204-05554-9

Avant-propos

Depuis que vous êtes mariés, les aspects pratiques de votre vie commune ont très probablement pris une certaine place et vous envahissent progressivement : les finances, les enfants et leur éducation, les projets de carrière, les responsabilités de la maison. Au milieu de toutes ces préoccupations, il est facile d'oublier que l'amour a une vie en soi. Trop souvent les couples négligent leur relation jusqu'au jour où les petits problèmes conduisent à une crise plus sérieuse.

Un temps pour vivre en couple est une tentative pour aider les couples à vivre leur amour, enrichir leurs relations et, aussi faire face aux problèmes. Ces 30 conseils ont été écrits par des professionnels et des adultes que l'expérience du temps a rendu fiables. Ces règles simples pleines de sagesse permettront à ceux et à celles qui sont engagés dans une vie de couple de vivre la fidélité à travers le respect mutuel et en présence de Dieu.

1

Partez ensemble à la découverte de la vie, bien des surprises vous attendent.

2

Dis ce que tu veux, l'autre ne peut pas tout deviner.

3

Sois naturel,

fais-lui des compliments.

4

En public aussi, fais-lui des compliments. En présence des autres, ils prennent une autre dimension.

5

N'hésite pas à exprimer ta tendresse par des gestes, c'est une façon de dire « Je t'aime ».

6

Restez romantiques

et ne cessez jamais

de vous séduire.

7

Respecte l'intimité de l'autre.

Laisse lui son espace vital,

c'est important pour votre

équilibre.

8

N'aie pas peur du changement,

il peut être positif.

A
VENDRE

9

Que chacun prenne du temps pour soi. Avoir des centres d'intérêts différents enrichit votre relation.

10

Jouez ensemble pour le plaisir, et non pour écraser l'autre.

11

N'hésite pas à dire

« Je t'aime », c'est toujours

magique.

12

Par amour pour l'autre,
soigne ton look.
C'est tellement plus agréable.

13

Disputez-vous, mais respectez certaines limites : pas de menaces, d'accusations ou d'insultes.

14

Sois toujours prêt à t'excuser,

à dire « Je suis désolé, pardon ».

C'est le b.a. ba de l'amour.

15

Prends des risques, même celui d'être déçu. L'amour ne grandit pas sans risques.

16

Pardonne sans faire d'histoire,

l'amour n'est pas fier.

17

Faire la fête, voir ses amis,

c'est ça aussi le mariage.

18

Riez ensemble, c'est une façon très simple de se retrouver.

19

Pleurez ensemble, la tristesse se partage et rapproche aussi les cœurs.

20

Rêvez ensemble, vous avez déjà un pied dans le futur.

NOTRE FUTURE MAISON
KIT.
L.R.
B.R.
B.

21

Surprenez-vous, l'inattendu

fait battre le cœur.

JE
T'AIME

Autorise-toi à être faible. Dans le mariage, l'équilibre se trouve à deux.

23

Autorise-toi à être fort. Dans le mariage, l'équilibre se trouve à deux.

Fais des gestes de tendresse,

ton cœur en sera ému.

25

Respecte la famille de l'autre,

tu en fais désormais partie.

26

Cherche l'amour, il est là même si tu n'en es pas conscient.

27

Goûtez ensemble le silence.

Pour ceux qui s'aiment, le

silence est un moment sacré.

Souvenez-vous du passé, il façonne le présent et l'avenir.

PHOTOS DE FAMILLE

29

Priez, louez Dieu pour la vie

que vous partagez.

30

Soyez patients l'un envers l'autre, vous êtes toujours des jeunes mariés.

JEUNES MARIÉS

Dans la même collection

1 Un temps pour être bien dans sa peau
2 Un temps pour tenir debout
3 Un temps pour le pardon
4 Un temps pour le jeu
5 Un temps pour l'amitié
6 Un temps pour ton anniversaire
7 Un temps pour Noël
8 Un temps pour vivre en couple
9 Un temps pour le deuil
10 Un temps pour le travail
11 Un temps pour prier
12 Un temps pour prendre soin des autres
13 Un temps pour décompresser
14 Un temps pour la famille
15 Un temps pour être encore mieux dans sa peau
16 Un temps pour se simplifier la vie
17 Un temps pour les mères débordées
18 Un temps pour la gratitude
19 Un temps pour une retraite heureuse
20 Un temps pour s'entendre avec les gens difficiles
21 Un temps pour supporter la solitude
22 Un temps pour se remettre d'un divorce
23 Un temps pour vieillir avec sagesse
24 Un temps pour bien manger et être en forme
25 Un temps pour chasser la déprime
26 Un temps pour faire cadeau de vous-même

Achevé d'imprimer en avril 2006 par l'Imprimerie Floch à Mayenne.
N° d'édition : 10394. D. L. : novembre 1996. N° d'impression : 65645.